LOCUTIONS LATINES JURIDIQUES

LOCUTIONS LATINES JURIDIQUES

2004

ARMAND COLIN

AVANT-PROPOS

Ce petit lexique des expressions latines les plus fréquemment rencontrées par les lecteurs d'ouvrages juridiques (nous n'osons pas espérer d'autres lecteurs...), n'a d'autre ambition que de leur permettre de comprendre rapidement et aisément le sens des mots et la signification des concepts que ces mots recouvrent, dans l'expression d'une langue que, malheureusement, beaucoup sont aujourd'hui incapables de lire dans le texte.

Extrait du désormais classique et célèbre *Lexique des termes juridiques Dalloz*, ce véritable « tom-pouce » de la littérature juridique ne couvre, volontairement, que le champ de la formation initiale des étudiants et, au-delà, de tous ceux qui s'initient au droit. Il vient donc compléter, au quotidien, l'utilisation du *Lexique* précité, dans une première approche qui sera suivie, nous l'espérons et le souhaitons très vivement, d'un approfondissement par la consultation régulière et pérenne d'autres ouvrages, dont le format ne permet pas de les avoir avec soi et sur soi, à chaque instant de l'apprentissage du droit.

Ces définitions de notions et de règles indispensables s'inscrivent dans la grande tradition de l'Université française, diffuser le savoir le plus largement possible, que la création du *Lexique des termes juridiques*, en 1970, avait prise en considération. Cet abrégé offre, trente cinq ans après, une nouvelle illustration de l'audace pédagogique et de l'anticipation scientifique prémonitoire des créateurs du fameux *Lexique*.

Serge GUINCHARD Gabriel MONTAGNIER

A

A non domino

Expression signifiant que l'on a reçu un bien d'une personne qui n'en était pas propriétaire.

Ab intestat

Sans testament.

Se dit d'une succession dont les biens sont attribués aux héritiers selon les règles fixées par le législateur lorsque le défunt n'a pas laissé de testament ou, lorsque, ayant rédigé un testament, celui-ci est nul ou caduc.

Ab irato

Un acte est fait « ab irato » lorsqu'il est accompli dans un mouvement de colère. Cet acte n'est pas nul du seul fait de la colère qui l'inspire.

Abusus

Mot désignant l'un des attributs du droit de propriété, le droit de disposer (disposition juridique par l'aliénation ou disposition matérielle par la destruction).

▸ Fructus

▸ Usus

Accessorium sequitur principale

L'accessoire suit le principal en ce sens que le bien principal communique sa condition juridique au bien qui s'agglomère à lui.

Accipiens

Désigne la personne qui reçoit un paiement.

Généralement, l'« accipiens » est le créancier.

▸ Solvens

Actor sequitur forum rei

Le demandeur doit porter son action devant le tribunal du défendeur.

Actori incumbit probatio

La preuve incombe au demandeur.

▸ Reus in excipiendo fit actor

Ad agendum

En vue de l'action.

Locution accolée à un mandat pour en désigner l'objet spécifique. Par le mandat « ad agendum », le titulaire de l'action en justice confie à une personne mission d'entreprendre et de conduire le procès à sa place, telle une assemblée de copropriétaires chargeant le syndic d'agir en responsabilité contre un tiers pour le compte de la copropriété. Se distingue du mandat « ad litem » qui ne vise que la représentation dans l'accomplissement des actes de procédure et ne

confère ni pouvoir d'initiative ni pouvoir de direction.
▸ Ad litem

Ad exhibendum (Action)
En vue d'exhiber.
S'applique à la demande d'un plaideur tendant à obtenir la production d'une pièce susceptible d'établir la réalité de ses allégations et que détient son adversaire ou un tiers. Le nouveau code de procédure civile reconnaît au juge le pouvoir d'enjoindre, sous astreinte, la représentation de tous éléments de preuve utiles à la manifestation de la vérité, dès l'instant qu'il n'existe pas d'empêchement légitime.

Ad hoc
Pour cela, à cet effet.
Ainsi on nomme un tuteur, un administrateur, un juge « ad hoc ».

Ad litem

Expression employée pour préciser qu'un acte ou une décision sont pris « en vue d'un procès », ainsi provision, mandat « ad litem ».

▸ Ad agendum

Ad litem (Provision)

Somme d'argent versée par un époux à son conjoint (le plus souvent par le mari à sa femme) lors d'un procès qui les oppose (divorce, séparation de corps ou nullité) pour qu'il puisse faire face aux frais de l'instance.

La provision s'impute sur la masse des biens à partager.

Sommes qu'une partie dépose au greffe ou entre les mains de son mandataire (avocat, avoué) et qui est à valoir sur les frais et les honoraires de l'auxiliaire de justice (avocat, expert…).

Ad nutum

La révocabilité « ad nutum » est celle

qui peut être prononcée à tout moment par la décision souveraine d'une seule personne ou de l'organisme habilité à cet effet.

Ad probationem

Littéralement : en vue de la preuve. Qualifie une exigence de forme qui ne constitue pas un élément intrinsèque de validité, mais qui est simplement requise pour établir l'existence ou la teneur d'un acte.

Ad solemnitatem

Pour la solennité.

Expression signifiant que la forme prescrite est exigée pour la validité de l'acte et qu'en son absence il y a lieu à nullité.

▸ Ad agendum

Ad validitatem

Pour la solennité.

Synonyme de « ad solemnitatem ».

Affectio societatis

Intention, qui doit animer les associés, de collaborer sur un pied d'égalité. L'« affectio societatis » implique non seulement un esprit de collaboration mais aussi le droit, pour chaque associé, d'exercer un contrôle sur les actes des personnes chargées d'administrer la société.

Amicus curiae

Personnalité faisant autorité dans un domaine d'activité et qu'une juridiction prend l'initiative, (exceptionnelle car non prévue par les textes en vigueur), d'entendre comme « ami de la cour » (et non comme témoin ou expert), pour connaître son opinion sur le problème débattu devant elle, en vue de garantir, grâce à ses lumières, un procès équitable, au sens européen du terme.

Animus

État d'esprit d'une personne qui se

comporte comme titulaire d'un droit sur une chose (« animus domini », « possidendi ») pour l'exercer ou qui veut faire une libéralité (« animus donandi »).

On oppose l'« animus » au « corpus » qui n'est que l'exercice objectif d'un droit.

► Corpus

Animus donandi

Avec la volonté de donner.

Expression utilisée quand il faut prouver que le donateur avait réellement l'intention de faire un don ou une libéralité.

Animus necandi

Élément moral du meurtre, qui consiste dans l'intention de tuer.

C

Casus belli

Circonstance de nature à provoquer une déclaration de guerre.

Cessante ratione legis, cessat ejus dispositio

La loi cesse de s'appliquer lorsque ses motifs ont disparu.

Comitas gentium (Courtoisie internationale)

Usages sans caractère d'obligation suivis dans les rapports internationaux simplement pour des raisons d'égard mutuels.

Commercium

Mot qualifiant le commerce au sens juridique.

À Rome, le « commercium » s'applique aux citoyens et assimilés qui ont le privilège d'accéder aux actes du « jus civile ». De nos jours s'applique aux choses qui peuvent faire ou ne peuvent pas faire l'objet de conventions. On dit ainsi que les droits de famille sont placés « extra commercium », que les marchandises offertes au marché sont « in commercio ».

Comorientes

Comourants.

Personnes qui meurent dans un même événement et dont l'une avait vocation à succéder à l'autre.

Consilium fraudis

Conscience de la part d'un débiteur que, en effectuant un acte, il va aggraver son insolvabilité. Conscience de la part d'un tiers que, en traitant avec une personne, il va aggraver la situation de celle-ci au détriment de ses créanciers.

Contra legem

À l'encontre (ou en violation) de la loi.

Contra non valentem agere non currit praescriptio

Contre celui qui ne peut agir en justice, la prescription ne court pas.

Corpus

Le « corpus » (corps) constitue l'élément matériel de la possession, en désignant le pouvoir de fait exercé sur une chose.

► Animus

D

Damnum emergens

Perte éprouvée.

En matière de responsabilité civile, l'étendue du dommage matériel et, corrélativement, le montant de l'indemnité de réparation sont déterminés par deux éléments : nécessairement par la perte éprouvée, éventuellement par le manque à gagner (« lucrum cessans »).

De commodo et incommodo (Enquête)

Désignation traditionnelle de l'enquête préalable à la déclaration d'utilité publique, premier acte de la procédure d'expropriation pour cause d'utilité publique, et qui a pour but de permettre à tous les intéressés de consigner sur un registre leurs observations sur le caractère d'intérêt général présenté par le projet, et sur les inconvénients qu'il leur paraît présenter.

De cujus

Premiers mots de la formule « de cujus successione agitur » (celui dont la succession est pendante); utilisés de nos jours pour désigner le défunt auteur de la succession : on dit le « de cujus ».

De facto

De fait.

▸ De jure

De in rem verso (Action)

Action permettant d'agir dans le cas d'enrichissement sans cause.

De jure
De droit.
► Juris et de jure

« De jure », « de facto » (du latin : de droit, de fait). Ces expressions permettent d'opposer des situations juridiques à des situations de pur fait.

De lege ferenda
En se référant à la loi telle que l'on souhaiterait qu'elle fût faite.

De lege lata
En considérant la loi telle qu'elle existe.

De quota litis (Pacte)
Pacte entre un avocat et son client fixant par avance les honoraires à un pourcentage de la somme qu'accordera le tribunal au client. Ce pacte est frappé de nullité d'ordre public. En revanche, est licite la convention qui,

outre la rémunération des prestations effectuées, prévoit la fixation d'un honoraire complémentaire en fonction du résultat obtenu ou du service rendu, à condition qu'elle soit intervenue dès l'origine.

Debellatio

Acquisition par un État du territoire d'un autre État à la suite d'opérations militaires qui ont abouti au complet anéantissement de ce dernier.

Decisoria litis

Éléments de fond d'un litige, par opposition aux éléments de procédure.

Cette distinction a été mise en évidence par la doctrine italienne du Moyen Âge.

▸ Ordinatoria litis

Derelictio

Se dit de l'abandon d'un meuble.

Dies a quo

Jour à partir duquel.

▸ Dies ad quem

Dies ad quem

Jour jusqu'auquel.

▸ Dies a quo

Dura lex, sed lex

La loi est dure mais c'est la loi.

E

Electa una via, non datur recursus ad alteram

Une voie ayant été choisie, on ne peut en adopter une autre.

Adage traditionnel, aujourd'hui consacré dans le Code de procédure pénale, qui, afin de parer à des chantages éventuels, interdit à la victime d'une infraction ayant exercé son action en réparation devant la juridiction civile compétente, de se raviser par la suite afin de la porter devant la juridiction répressive. Il n'en est autrement que si celle-ci a été saisie par le ministère public, avant qu'un jugement sur le fond ait été rendu par la juridiction civile.

Erga omnes

À l'égard de tous.

Expression signifiant qu'un acte, une décision ou un jugement a un effet à l'égard de tous, et non seulement à l'égard des seules personnes directement concernées.

▸ Inter partes

Erratum

Erreur matérielle dans la reproduction d'un texte, justifiant le redressement par simple rectificatif. Spécialement usité pour les publications au *Journal officiel*.

Error communis facit jus

Une erreur commune fait le droit.

Il est des cas où une croyance commune provoque des conséquences juridiques pourtant contraires au droit. Tel est le cas pour l'héritier apparent.

Ex aequo et bono

Juger « ex aequo et bono » signifie juger en équité.

Exceptio non adimpleti contractus
(ou exception d'inexécution)

Dans un contrat synallagmatique, moyen de défense de l'une des parties qui consiste à ne pas exécuter son obligation tant que l'autre contractant n'a pas effectué sa prestation.

Exequatur

– En droit international privé, ce terme désigne la force exécutoire octroyée par l'autorité judiciaire française à une décision rendue par une juridiction étrangère. Il désigne également la procédure au terme de laquelle cette force sera, ou non, accordée.

En principe, tout jugement rendu par une juridiction étrangère ne peut être exécuté en France sans exequatur. Il peut toutefois produire certains effets qui ne nécessitent aucune contrainte (ex. : valeur probante).

– En droit international public, c'est l'acte qui reconnaît à un consul étranger sa qualité officielle et l'autorise à exercer ses fonctions.

– En procédure civile, il s'agit de l'ordre d'exécution, donné par l'autorité judiciaire, d'une sentence rendue par une justice privée, ex. : exequatur des sentences arbitrales.

Extra petita

En dehors de ce qui a été demandé. Expression caractérisant la décision du juge qui s'est prononcé sur un point dont il n'était pas saisi.

F

Fidéicommis

Disposition à cause de mort par laquelle le testateur adresse une libéralité à un bénéficiaire apparent en le chargeant de faire parvenir les biens légués à une autre personne.

Fidéjusseur

Terme vieilli désignant la caution.

For ou **forum**

Ce mot désigne un tribunal et par extension, sa compétence.

▸ Lex fori

Forum actoris

Compétence du tribunal du demandeur (situation exceptionnelle).

Fraus omnia corrumpit

La fraude corrompt tout.

Adage exprimant que tout acte juridique entaché de fraude peut être l'objet d'une action en nullité.

Fructus

Désigne l'un des attributs du droit de propriété sur une chose, le droit d'en percevoir les fruits, au sens large du terme.

- ▸ Abusus
- ▸ Usus

G

Genera non pereunt

Les choses de genre ne périssent pas. Lorsqu'on est débiteur d'une chose de genre, on ne peut s'abriter, pour se soustraire à l'exécution, derrière le fait que des objets que l'on voulait livrer, ont péri. On peut toujours se procurer des biens équivalents pour satisfaire à son obligation.

Generalia specialibus non derogant

Les lois de portée générale ne dérogent pas à celles qui ont un objectif spécial.

▸ Specialia generalibus derogant

H

Habeas corpus

Étymologiquement : « que tu aies ton corps » (sous-entendu : « ad subjiciendum »), pour le produire devant le tribunal.

Nom d'un des textes les plus célèbres dans l'histoire de la liberté, adopté par le Parlement anglais en 1679.

En vertu de cette loi, toute personne emprisonnée a le droit d'être présentée à un juge pour qu'il statue sur la validité de l'arrestation.

Habilis ad nuptias, habilis ad pacta nuptiala

Celui qui a la capacité pour se marier

est également capable de donner son consentement au contrat de mariage qui le concerne.

I

Imperium

Prérogative du juge, distincte de la « jurisdictio », ayant un caractère plus administratif que juridictionnel : pouvoir de donner des ordres aux plaideurs et aux tiers, d'accorder des autorisations, des mesures d'instruction, d'organiser le service du tribunal et des audiences, etc.

Dans le symbole traditionnel de la Justice, c'est le glaive qui traduit l'« imperium », les deux plateaux représentant la « jurisdictio ».

Se rapporte à tout ce qui n'est pas appréciation du droit des parties (acte de raisonnement); désigne les diverses manifestations du pouvoir

de commandement qui est dévolu au juge (acte d'autorité).
▸ Jurisdictio

In abstracto
Dans l'abstrait.

In bonis
Dans ses biens.
Se dit du débiteur qui est encore maître de ses biens, par opposition à celui qui serait dessaisi de ses pouvoirs de gestion (pour liquidation judiciaire par exemple).

In casu
En l'espèce, dans ce cas précis.

In concreto
Dans le concret.

In dubio pro reo
Le doute profite à l'accusé.

In extenso

En entier.

Reproduction complète et exacte d'un acte juridique ; un extrait est une reproduction incomplète.

In futurum

Pour l'avenir.

S'emploie surtout en matière de preuve pour indiquer qu'elle est préconstituée, c'est-à-dire établie par avance, pour servir lors d'un éventuel procès.

La loi permet au juge de prescrire, en dehors de toute contestation actuelle au fond, les mesures d'instruction nécessaires à la conservation ou à l'établissement d'une preuve dont pourrait dépendre la solution d'un litige ultérieur ; on parle par ex. : d'enquête ou d'expertise « in futurum ».

In judicando

Dans la manière de juger, quant au fond, non quant à la forme.

Se rapporte au mal-jugé, qu'il s'agisse d'une erreur de droit consistant dans la mauvaise interprétation de la loi justiciable à ce titre du pourvoi en cassation, ou d'une erreur de fait ayant sa source dans une appréciation inexacte des données de l'espèce et justifiant l'ouverture de l'appel et du recours en révision.

▸ In procedendo

In limine

Au début.

In limine litis

Au seuil du procès.

Le seuil du procès est le moment de l'instance où celle-ci va être liée par le dépôt des conclusions au fond des plaideurs.

In mitius (Rétroactivité)

Application d'une loi pénale plus douce à des faits commis avant sa promulgation et non définitivement jugés.

In pari causa, melior est causa possidentis

Lorsqu'aucun des plaideurs ne peut faire la preuve, la préférence est donnée à celui qui tient en sa possession l'objet en litige.

In procedendo

Dans la manière de procéder.

Qualifie les irrégularités de procédure, aussi bien manquement aux formes qu'inobservation des délais, que les parties peuvent dénoncer par voie d'exception ou de fin de non-recevoir et qui constituent une cause d'appel et de pourvoi en cassation.

► In judicando

In solidum (Obligation)

Obligations de plusieurs personnes tenues chacune pour le tout envers le créancier, alors qu'il n'existe entre elles aucun lien de représentation. L'obligation « in solidum » créée par la jurisprudence, a permis en particulier à la victime d'un dommage d'obtenir réparation de l'intégralité du préjudice en poursuivant l'un quelconque des coauteurs ; sous cet aspect elle constitue une garantie de solvabilité.

Infans conceptus pro nato habetur quoties de commodis ejus agitur

L'enfant simplement conçu est considéré comme né toutes les fois que cela peut lui apporter un avantage.

Infra petita

En deçà de la demande.

Le tribunal statue « infra petita » lorsqu'il ne répond pas à tous les chefs de demande.

▸ Ultra petita

Instrumentum

Écrit authentique ou sous-seing privé contenant la substance de l'acte juridique ou du contrat envisagé par son ou ses auteurs.

▸ Negotium

Inter partes

Entre les parties.

Expression signifiant que la force obligatoire ou exécutoire d'un contrat ou d'un jugement n'existe qu'entre les parties contractantes ou litigantes.

▸ Erga omnes

Intra vires

Expression signifiant qu'une personne (héritier, légataire, associé) n'est tenue de payer des dettes et un passif que dans la mesure de ce qu'elle

recueille ou possède dans l'actif correspondant (succession, régime matrimonial, société).
▸ Ultra vires

Intuitus pecuniae
Considération de l'argent.
Expression signifiant que, dans un contrat (ex. : société de capitaux), la considération du capital apportée est plus importante que la qualité de la personne qui l'apporte.
▸ Intuitus personae

Intuitus personae
Considération de la personne.
L'expression signifie que, dans la conclusion d'un contrat (ex. : travail, société de personnes), les qualités du cocontractant sont surtout prises en considération.
▸ Intuitus pecuniae

J

Jura novit curia

La Cour connaît le droit.

Cette maxime ne joue que partiellement lorsqu'est invoquée une loi étrangère. Dans les matières laissant aux parties la libre disposition de leurs droits, c'est au plaideur qui soutient que la loi étrangère débouche sur un autre résultat que la loi française d'en démontrer le contenu. Ailleurs, il incombe au juge français de rechercher la teneur de la loi étrangère que la règle du conflit lui prescrit d'appliquer.

Juris et de jure

On dit d'une présomption qu'elle est

« juris et de jure » ou irréfragable lorsqu'elle est absolue et ne peut être combattue par une preuve contraire.

▸ Juris tantum

Juris tantum

On dit qu'une présomption est « juris tantum », lorsqu'elle peut être combattue par la preuve contraire.

▸ Juris et de jure

Jurisdictio

Expression désignant le pouvoir dont est investi le juge de « dire le droit », en répondant à une situation de fait dont il est saisi, par une déclaration rendue selon les règles légales, la procédure prescrite et les preuves autorisées.

L'acte juridictionnel, à l'opposé de l'acte administratif, a pour spécificité le dessaisissement du juge, l'autorité de la chose jugée et le caractère déclaratif du jugement.

Si, d'ordinaire, l'acte de juridiction met fin à un litige, il n'en est pas toujours ainsi. Dans la juridiction gracieuse, il n'y a pas désaccord – tout au moins actuel –; l'office du juge s'exerce « inter volentes » et la décision prise n'est pas à proprement parler juridictionnelle. L'activité du juge est plus ministérielle que juridictionnelle.

► Imperium

Jus abutendi, jus fruendi, jus utendi

– **Jus abutendi** : expression désignant le droit du propriétaire d'un bien d'en disposer.

► Abusus

– **Jus fruendi** : expression désignant le droit du propriétaire de percevoir les fruits de sa chose.

► Fructus

– **Jus utendi** : expression désignant le droit du propriétaire d'un bien de l'utiliser.
► Usus

Jus civile

– Droit privé propre à chaque peuple, par opposition au « jus gentium ».
– Distinction établie par le Droit romain entre les règles applicables aux seuls citoyens romains et celles applicables aux étrangers ou aux peuplades soumises à la domination romaine.

Jus cogens

« Norme impérative du droit international général, reconnue par la communauté internationale dans son ensemble en tant que norme à laquelle aucune dérogation n'est permise et qui ne peut être modifiée que par une nouvelle norme du droit international général ayant le même caractère » (article 53 de la Convention de Vienne sur le Droit des Traités du 23 mai 1969).

Jus gentium

Droit des gens, c'est-à-dire ensemble de règles juridiques ayant leur fondement dans la nature des choses, applicables à tous les peuples et non simplement aux sujets d'un État déterminé.

► Jus civile

Jus sanguinis

Détermination de la nationalité d'après la filiation de l'individu.

Jus soli

Détermination de la nationalité d'après le lieu de naissance de l'individu.

L

Lata sententia, judex desinit esse judex

La sentence une fois rendue, le juge cesse d'être juge.

En prononçant son jugement sur le fond, le juge épuise ses pouvoirs. Il est dessaisi et ne peut plus revenir, sauf cas exceptionnel, sur ce qu'il a jugé.

Lato sensu

Au sens large.

Utilisation extensive d'une disposition légale, réglementaire, conventionnelle, ou d'un mot.

▸ Stricto sensu

Lege fori

▶ Lex fori

Lex fori

Loi nationale du tribunal saisi.

Un tribunal statue « lege fori » s'il applique à un litige, pour résoudre un conflit de lois, ou un conflit de juridictions, la loi de l'État à la souveraineté duquel il est soumis.

Lex loci

Loi locale, c'est-à-dire loi du lieu où s'est produit un fait juridique.

Lex mercatoria

Expression désignant les règles aménagées par les professionnels, en matière de contrats internationaux et suivies spontanément par les milieux d'affaires. Cette loi marchande devient dans une large mesure indépendante des règles étatiques.

Lex rei sitae

Loi de la situation de la chose.

Certains biens sont régis nécessairement par la loi de l'État où ils sont situés, même s'ils appartiennent à des étrangers (ex. : les immeubles).

Lex societatis

Loi en principe applicable à la constitution, au fonctionnement et à la dissolution d'une société. Cette loi, en droit international privé français, est déterminée par la situation du siège social.

Locus regit actum

Formule selon laquelle un acte juridique est soumis aux conditions de forme édictées par la législation en vigueur dans le pays où il a été conclu.

Lucrum cessans

Manque à gagner.

▸ Damnum emergens

M

Manu militari

Par la main militaire.

Expression signifiant que l'on a recours à la force publique pour l'exécution d'une obligation ou d'un ordre.

Memorandum

Rapport, éventuellement confidentiel, sur une question donnée, comprenant souvent en conclusion injonctions ou propositions, adressé par un État à un autre État ou par un organe à un autre organe d'une organisation internationale.

Mobilia sequuntur personam

Règle, inventée par les glossateurs et

restée en vigueur, selon laquelle les biens mobiliers suivent la personne de leur propriétaire. Par exemple, en matière de succession, les meubles sont soumis à la loi du domicile du défunt.

Mutuum

Contrat en vertu duquel une personne, le prêteur, remet à une autre, l'emprunteur, pour qu'elle s'en serve, une chose fongible et consomptible, à charge pour elle d'en restituer une semblable. Ce contrat est aussi appelé prêt de consommation.

Mutuus dissensus

Dissentiment mutuel.

Termes marquant la nécessité d'une volonté réciproque pour rompre le rapport d'obligation.

N

Negotium

Dans un acte juridique ou dans un contrat, le « negotium » (le mot veut dire « affaire ») concerne la question de fond que vise cet acte ou ce contrat, par opposition à la forme, qui traduit la volonté de l'auteur de l'acte ou des contractants.

▸ Instrumentum

Nemo auditur propriam turpitudinem allegans

Personne n'est entendu (par un juge) lorsqu'il allègue sa propre turpitude. Adage employé pour refuser éventuellement la restitution des prestations après le prononcé de la nullité d'une convention contraire à la morale et aux bonnes mœurs.

Nemo censetur ignorare legem

Personne n'est censé ignorer la loi. Adage interdisant à quiconque de se retrancher derrière son ignorance du droit pour échapper à ses obligations.

Nemo dat quod non habet

Personne ne peut transférer la propriété d'une chose qui ne lui appartient pas.

Nemo judex in re sua

Nul n'est juge en sa propre cause. Cet adage, qui est destiné à garantir l'impartialité des décisions de justice, explique les incompatibilités et les incapacités dont les magistrats sont frappés, notamment l'incompatibilité de la fonction juridictionnelle avec l'exercice de toute autre activité publique, civile ou salariée et l'impossibilité pour un juge d'appartenir au même tribunal que son conjoint, parent ou allié.

Nemo liberalis nisi liberatus

Une personne qui a des dettes ne doit pas faire de libéralités.

Nemo plus juris ad alium transferre potest quam ipse habet

Une personne ne peut transférer à autrui plus de droits qu'elle n'en a elle-même.

Non bis in idem

Formule qui exprime le principe selon lequel une personne déjà jugée pour un fait délictueux, ne peut être poursuivie à nouveau pour le même fait.

Nullum crimen, nulla poena sine lege

Il n'y a pas de crime, il n'y a pas de peine sans loi.

Exprime le principe fondamental de la légalité des délits et des peines.

O

Obiter dictum

Expression de la procédure anglaise, dont la doctrine, sur le continent, fait parfois usage. L'« obiter dictum » qualifie l'argument qui n'entre pas dans la « ratio decidendi », qui n'est pas invoqué pour faire la décision. S'applique à un raisonnement dénué de force obligatoire, de nature à éclairer l'espèce et à guider le juge.

▸ Ratio decidendi

Onus probandi incumbit actori

La charge de la preuve incombe à celui qui allègue tel ou tel fait juridique ou matériel.

Ordinatoria litis

Règles de procédure proprement dite, par opposition aux règles de fond.

▸ Decisoria litis

P

Pacta sunt servanda
Locution affirmant le principe selon lequel les traités et, plus généralement les contrats doivent être respectés par les parties qui les ont conclus.

Pater is est quem nuptiae demonstrant
Le mari de la mère est présumé être le père de l'enfant (littéralement « le père est celui que les noces démontrent »).

Penitus extranei
Tout à fait étrangers. Expression par laquelle on désigne les tiers, c'est-à-dire les personnes demeurées étrangères à une convention.

Persona grata (Persona non grata)

Personne agréée (Personne non agréée).

Mots employés pour désigner l'agent diplomatique qui jouit de la confiance du Gouvernement auprès duquel il est ou doit être accrédité. La désignation comme « persona non grata » équivaut au refus de l'agrément ou à l'invitation au rappel de l'agent diplomatique.

Petita

- ▸ Infra petita
- ▸ Ultra petita

Post mortem (Promesse ; Stipulation)

Clause par laquelle les parties à une convention décident que les obligations qu'elles créent ne seront exécutées qu'au jour du décès de l'une d'elles.

Pretium doloris

Le prix de la douleur.

Expression qu'une circulaire du ministre de la Justice du 15 septembre 1977 recommande d'appeler « l'indemnisation des souffrances » et qui correspond aux dommages et intérêts accordés par les tribunaux au titre de réparation des souffrances physiques ou morales éprouvées par la victime d'un accident ou d'un acte criminel, ou par ses proches parents.

L'indemnité qui tend à réparer le préjudice résultant de telles souffrances causées par un tiers à un assuré social, constitue, depuis la loi n° 73-1200 du 27 décembre 1973, l'une des composantes de « l'indemnité de caractère personnel », créée par cette loi. Elle devra réparer non seulement les souffrances antérieures à la consolidation, des blessures, mais aussi celles postérieures à cette consolidation, alors que jusqu'à l'entrée en vigueur de la loi précitée, celles-ci étaient indemnisées au titre de l'incapacité permanente partielle.

Prior tempore potior jure
Celui qui est le premier dans le temps, en droit l'emporte.
La priorité entre des créanciers munis d'une garantie sujette à publicité est réglée par l'ordre des publications.

Propter nuptias (Donation)
Libéralité entre vifs faite en vue du mariage du bénéficiaire soit par le futur conjoint soit par un tiers.

Propter rem
À cause de la chose.
Qualifie la situation de la personne qui n'est pas personnellement obligée, mais qui répond néanmoins de la dette parce qu'elle détient un bien sur lequel le créancier dispose d'un droit de suite. Tel est le cas de l'acquéreur

d'un immeuble hypothéqué qui est exposé aux poursuites du créancier hypothécaire à qui pourtant il ne doit rien; seulement, comme il s'agit d'une obligation « propter rem », l'acquéreur n'est pas redevable sur son patrimoine propre et se libère suffisamment en faisant abandon de l'immeuble grevé d'hypothèque.

Prorata temporis

À proportion du temps.

Q

Quae temporalia sunt ad agendum perpetua sunt ad excipiendum

Lorsqu'une action en nullité ne peut plus être intentée parce qu'elle a été éteinte par l'écoulement du délai de la prescription, son bénéficiaire peut s'abriter derrière une exception qui, elle, est perpétuelle.

Quantum

Montant.

Mot servant à l'appréciation de dommages et intérêts (responsabilité civile) ou d'une part contributive (ex. : contribution d'un époux aux charges du ménage).

Qui auctor est se non obligat

Celui qui donne son autorisation à un acte juridique n'est point obligé par cet acte.

Quorum

– Nombre de participants nécessaire pour qu'une assemblée (d'une association ou d'une société, par exemple) puisse valablement délibérer.

– Plus particulièrement, en droit constitutionnel et en droit international public, désigne le nombre de membres dont la présence est nécessaire pour qu'une assemblée, une commission, une conférence, puisse valablement siéger.

R

Ratio decidendi

Raison de la décision (juridictionnelle).

Expression désignant les motifs décisifs qui ont déterminé la décision du juge.

▶ Obiter dictum

Ratio legis

La raison d'être de la loi.

Plus précisément elle désigne la volonté déclarée ou présumée du législateur qui édicte ou modifie une norme. Cette connaissance de la pensée du législateur permet d'interpréter les textes lorsqu'ils sont obscurs ou incomplets.

Ratione loci

Compétence territoriale.

Aptitude d'une juridiction pénale à connaître d'une infraction en fonction d'une circonstance de lieu (ex. : lieu de commission de l'infraction, de la résidence ou de l'arrestation du prévenu).

▸ Ratione materiae

Ratione materiae

Compétence d'attribution.

En procédure administrative ou civile, il s'agit de la compétence d'une juridiction en fonction de la nature des affaires, parfois aussi de leur importance pécuniaire.

Les règles de compétence d'attribution répartissent les litiges entre les divers ordres, degrés et nature de juridiction.

▸ Ratione loci

Compétence matérielle.
En procédure pénale, c'est l'aptitude d'une juridiction pénale à connaître des infractions en fonction de leur nature (ex. : contraventions, délits, crimes).

Ratione personae
Compétence personnelle.
Aptitude d'une juridiction pénale à connaître de certaines infractions en fonction de la qualité personnelle du délinquant (ex. : mineur de dix-huit ans).

Ratione personae vel loci
Compétence territoriale.
Les règles de compétence territoriale précisent quel est, de tous les tribunaux d'une même catégorie, répartis sur le territoire, celui qui devra connaître de l'affaire.
▸ Ratione materiae

Ratione personae, ratione materiae, ratione loci

En raison de la personne, en raison de la matière, en raison du lieu.

Rebus sic stantibus

Étymologiquement : les choses restant en l'état.

– En droit international public, cette expression désigne la clause qui serait sous-entendue dans tout traité et selon laquelle le changement des circonstances existant lors de la conclusion de ce traité entraînerait sa caducité.
Thèse dangereuse pour la force obligatoire des traités et donc peu admissible. L'inadaptation d'un traité, qui le rend difficilement applicable, doit seulement inciter les parties à le réviser d'un commun accord.

– Cette thèse a été également soutenue en ce qui concerne les contrats en droit public et en droit privé. Elle n'a jamais été considérée comme exprimant une règle de portée générale.

Reformatio in pejus

Principe de procédure pénale selon lequel la cour d'appel ne peut, sur le seul appel du prévenu, du civilement responsable, de la partie civile ou de l'assureur de l'une de ces personnes aggraver le sort de l'appelant. Cette règle a été étendue au pourvoi en cassation par la jurisprudence.

Res

Chose.

Res derelictae

Choses abandonnées par leur propriétaire et susceptibles d'être acquises par un tiers par occupation.

Res inter alios acta, alliis nec prodesse, nec nocere potest

Ce qui a été fait entre certaines personnes ne nuit ni ne profite aux autres. Ainsi, un contrat passe entre deux personnes ne rend pas des tiers débiteurs ou créanciers. C'est le principe de la relativité des contrats.

Res inter alios judicata, alliis prodesse, nec nocere potest

Chose jugée entre d'autres. Manière de dire que les décisions de justice n'ont d'effet qu'entre les parties et qu'elles sont sans existence vis-à-vis des tiers qui peuvent faire valoir l'inopposabilité des jugements rendus en dehors d'eux, soit de façon défensive, en invoquant la fin de non-recevoir tirée de la relativité de la chose jugée, soit de façon offensive en introduisant le recours de la tierce opposition.

Res judicata pro veritate habetur
La chose jugée est tenue pour vérité.

Res mobilis, res vilis
Chose mobilière, chose sans valeur. Adage que le développement moderne de la fortune mobilière a singulièrement contredit.

Res nullius
Chose qui n'appartient à personne.

Res perit creditori
La perte de la chose est supportée par le créancier de la livraison ; cette règle est exceptionnelle.

Res perit debitori
Les risques de perte de la chose sont supportés par le débiteur de la livraison.

Res perit domino
Lorsqu'une chose périt, c'est en prin-

cipe son propriétaire qui supporte cette perte.

Restitutio in integrum

Restitution en entier.

Conséquence normale de l'annulation d'un contrat (quand la restitution est possible), de la réparation en nature d'un dommage, de la réintégration d'un salarié congédié irrégulièrement.

Reus in excipiendo fit actor

Si le défendeur soulève une exception, il devient pour son exception, comme un demandeur, soumis à la charge de la preuve.

▸ Actori incumbit probatio

S

Sine die

Sans fixer de jour.

La locution, qui exprime l'indétermination temporelle, est surtout employée dans la langue diplomatique pour qualifier l'ajournement d'une conférence à une date qui n'est pas précisé, et dans le langage du Palais lorsque, la juridiction ne statuant pas sur le siège, le jugement est renvoyé à plus tard, sans que soit précisé le jour où il sera prononcé, contrairement aux prescriptions du nouveau Code de procédure civile.

Solvens
Celui qui effectue le paiement d'une obligation.
▸ Accipiens

Specialia generalibus derogant
Les lois spéciales dérogent aux lois qui ont une portée générale.
▸ Generalia specialibus non derogant

Spoliatus ante omnia restituendus
Celui qui a été spolié, dépouillé, doit, avant tout, être remis en possession.

Statu quo
Raccourci de « in statu quo ante » (dans l'état où les choses étaient auparavant), utilisé pour désigner soit le maintien de la situation actuelle, soit le rétablissement de la situation préexistante.

Stricto sensu
Au sens étroit.

Utilisation stricte et littérale d'une disposition légale, réglementaire, conventionnelle ou d'un mot.
▸ Lato sensu

Sui generis
De son propre genre.
Qualification d'une situation juridique dont la nature singulière empêche de la classer dans une catégorie déjà connue.

Summum jus, summa injuria
Poussé jusqu'au bout, le droit peut entraîner les injustices les plus graves.

Superficies solo cedit
La surface cède au sol.
Tout ce qui s'incorpore à un immeuble (végétaux, bâtiments) est censé en faire partie et appartient au propriétaire.

T

Tantum appellatum quantum judicatum

Il ne peut être appelé que dans la mesure où il a été jugé. L'acte d'appel ne peut pas porter sur des points qui n'ont pas été soumis aux premiers juges.

Tantum devolutum quantum appellatum

L'effet dévolutif de l'appel ne se produit que dans la mesure de l'acte d'appel.

Tarde venientibus ossa

À ceux qui ne sont pas vigilants, il ne reste que les os.

Il faut être vigilant pour conserver ses droits (jura vigilantibus, tarde...).

Thesaurus

Dictionnaire destiné à faciliter la recherche en informatique juridique et contenant, pour chaque mot clé de la nomenclature, les expressions apparentées par similitude, synonymie ou analogie.

Traditio

Désigne la remise de la chose faisant l'objet d'un contrat. On dit également tradition.

U

Ubi lex non distinguit, nec nos distinguere debemus

Il n'y a pas lieu de distinguer lorsque la loi ne distingue pas.

Ultra petita

Au-delà de la demande.

Le tribunal statue ultra petita lorsqu'il accorde plus qu'il n'a été demandé ou juge des points qui ne lui ont pas été soumis.

▸ Infra petita

Ultra vires

Expression signifiant qu'une personne (héritier, légataire, associé) est tenu de payer des dettes et un passif

au-delà de ce qu'il recueille ou possède dans l'actif correspondant (succession, régime matrimonial, société).
▸ Intra vires

Usus
Parmi les prérogatives attachées à la propriété, droit de détenir et d'utiliser une chose sans en percevoir les fruits.
▸ Abusus
▸ Fructus

Ut singuli, ut universi
Lorsque l'on considère une personne, un bien, l'exercice d'une action en justice, à titre individuel, on emploie l'expression « ut singuli ». En revanche, l'expression « ut universi » indique que l'on envisage des biens ou des actions dans le cadre d'une universalité (ainsi d'une succession).

V

Verba volant, scripta manent

Les paroles s'envolent (il n'en reste aucune trace); les écrits restent et font preuve.

Volenti non fit injuria

Il n'est pas fait de tort à celui qui a consenti.

A

A non domino
Ab intestat
Ab irato
Abusus
Accessorium sequitur principale
Accipiens
Actor sequitur forum rei
Actori incumbit probatio
Ad agendum
Ad exhibendum (Action)
Ad hoc
Ad litem
Ad litem (Provision)
Ad nutum
Ad probationem
Ad solemnitatem
Ad validitatem
Affectio societatis
Amicus curiae
Animus
Animus donandi
Animus necandi

C

Casus belli
Cessante ratione legis, cessat ejus dispositio
Comitas gentium (Courtoisie internationale)
Commercium
Comorientes
Consilium fraudis
Contra legem
Contra non valentem agere non currit praescriptio
Corpus

D

Damnum emergens
De commodo et incommodo (Enquête)
De cujus
De facto
De in rem verso (Action)
De jure
De lege ferenda
De lege lata
De quota litis (Pacte)
Debellatio
Decisoria litis
Derelictio

Dies a quo
Dies ad quem
Dura lex, sed lex

E

Electa una via, non datur recursus
ad alteram
Erga omnes
Erratum
Error communis facit jus
Ex aequo et bono
Exceptio non adimpleti contractus
(ou exception d'inexécution)
Exequatur
Extra petita

F

Fidéicommis
Fidéjusseur
For ou forum
Forum actoris
Fraus omnia corrumpit
Fructus

G

Genera non pereunt
Generalia specialibus non derogant

H

Habeas corpus
Habilis ad nuptias, habilis ad pacta nuptiala

I

Imperium
In abstracto
In bonis
In casu
In concreto
In dubio pro reo
In extenso
In futurum
In judicando
In limine
In limine litis
In mitius (Rétroactivité)
In pari causa, melior est causa possidentis
In procedendo
In solidum (Obligation)

Infans conceptus pro nato habetur quoties de commodis ejus agitur
Infra petita
Instrumentum
Inter partes
Intra vires
Intuitus pecuniae
Intuitus personae

J

Jura novit curia
Juris et de jure
Juris tantum
Jurisdictio
Jus abutendi, jus fruendi, jus utendi
Jus civile
Jus cogens
Jus gentium
Jus sanguinis
Jus soli

L

Lata sententia, judex desinit esse judex
Lato sensu
Lege fori

Lex fori
Lex loci
Lex mercatoria
Lex rei sitae
Lex societatis
Locus regit actum
Lucrum cessans

M

Manu militari
Memorandum
Mobilia sequuntur personam
Mutuum
Mutuus dissensus

N

Negotium
Nemo auditur propriam turpitudinem allegans
Nemo censetur ignorare legem
Nemo dat quod non habet
Nemo judex in re sua
Nemo liberalis nisi liberatus
Nemo plus juris ad alium transferre potest quam ipse habet

Non bis in idem
Nullum crimen, nulla poena sine lege

O

Obiter dictum
Onus probandi incumbit actori
Ordinatoria litis

P

Pacta sunt servanda
Pater is est quem nuptiae demonstrant
Penitus extranei
Persona grata (Persona non grata)
Petita
Post mortem (Promesse ; Stipulation)
Pretium doloris
Prior tempore potior jure
Propter nuptias (Donation)
Propter rem
Prorata temporis

Q

Quae temporalia sunt ad agendum perpetua sunt ad excipiendum

Quantum
Qui auctor est se non obligat
Quorum

R

Ratio decidendi
Ratio legis
Ratione loci
Ratione materiae
Ratione personae
Ratione personae vel loci
Ratione personae, ratione materiae,
ratione loci
Rebus sic stantibus
Reformatio in pejus
Res
Res derelictae
Res inter alios acta, alliis nec prodesse,
nec nocere potest
Res inter alios judicata, alliis prodesse,
nec nocere potest
Res judicata pro veritate habetur
Res mobilis, res vilis
Res nullius

Res perit creditori
Res perit debitori
Res perit domino
Restitutio in integrum
Reus in excipiendo fit actor

S

Sine die
Solvens
Specialia generalibus derogant
Spoliatus ante omnia restituendus
Statu quo
Stricto sensu
Sui generis
Summum jus, summa injuria
Superficies solo cedit

T

Tantum appellatum quantum judicatum
Tantum devolutum quantum appellatum
Tarde venientibus ossa
Thesaurus
Traditio

Photocomposition *CMB* Graphic
44800 Saint-Herblain
Achevé d'imprimer par
«La Tipografica Varese S.p.A.» Italie
Dépôt légal : août 2004
705846 (4) OSB-TAU 80 grs CMB
Réimpression en juillet 2005